ALLIANCE FRANÇAISE

ASSOCIATION NATIONALE

POUR LA

PROPAGATION DE LA LANGUE FRANCAISE

DANS LES COLONIES ET A L'ETRANGER

RECONNUE DE UTILITÉ PUBLIQUE

COMITÉ ANGEVIN

ANGERS

GERMAIN ET G. GRASSIN, IMPRIMEURS LIBRAIRES

10 rue du Cornet et rue Saint Laud

1892

ALLIANCE FRANÇAISE

ASSOCIATION NATIONALE

POUR LA

PROPAGATION DE LA LANGUE FRANÇAISE

DANS LES COLONIES ET A L'ÉTRANGER

RECONNUE D'UTILITÉ PUBLIQUE

COMITÉ ANGEVIN

ANGERS

GERMAIN ET G. GRASSIN, IMPRIMEURS-LIBRAIRES

40, rue du Cornet et rue Saint-Laud

1892

ALLIANCE FRANÇAISE

Présidents d'honneur FÉVRIER (le géneral), Grand-Chancelier de
la Legion d'honneur.

M. JURIEN DE LA GRAVIERE (le Vice-Amiral), Membre de l'Academie française et de l'Academie des Sciences

M LESSEPS (Ferdinand de), Membre de l Academie française et de
l'Academie des Sciences.

M. SIMON (Jules), Senateur, Membre de l'Academie française et de
l'Academie des Sciences morales et politiques

Membres d'honneur · MM ALLEGRE; BILLOT; BOMPARD; BRAZZA
(Savorgnan de); CAMBON (Paul): CAMBON (C.), CERNUSCHI;
DIETZ-MONNIN, FREYCINET (de); GALLIENI (le Lieutenant-
Colonel); GERMAIN-CASSE; GERVILLE-REACHE; GREARD;
HEBRARD (Adrien); JOURDE; LACASCADE, LAMOTHE (de)
LANESSAN (de); LEBOUCHER, LEVASSEUR, LOCKROY, MANES;
MASSICAULT; NOUET; PARDON; PARIS (Gaston); PASTEUR;
RENAN; RIBOT; ROUSSE; SAY (Leon), SPULLER; TAINE;
THOMSON; VOGUE (Marquis de); ZELLER (Jules).

BUREAU DU CONSEIL D'ADMINISTRATION

Président . M DURUY (Victor),
Membre de l'Academie fran-
çaise, de l'Academie des
Sciences morales et poli-
tiques et de l'Academie des
Inscriptions et Belles-Lettres.

Vices-Presid. . MM COLONNA
CECCALDI (Comte), Ministre
plenipoténtiaire, Conseiller
d'Etat

MASPERO, Membre de l'Institut, Professeur au College
de France

LE MYRE DE VILERS, Depute.

PARMENTIER (Th.), General
de division.

Secretaire general M FONCIN
(Pierre), Inspecteur general
de l'Instruction publique.

Secretaire general adjoint
M. KOECHLIN (Raymond), Publiciste.

Tresorier . M MAYRARGUES
(Alfred), ancien Professeur.

Tresorier-Adjoint M. PUAUX,
Membre du Conseil superieur
des Colonies, Secretaire de
la Société historique

Contrôleur M ROYOU (de).

Secretaires MM BERNARD (An-
toine), Inspecteur des Che-
mins de fer.

IZOULET, Professeur de Philo-
sophie au Lycee Condorcet.

REINACH (Joseph), Depute.

REY (E. G), ancien Charge de
Missions scientifiques en
Syrie.

Archiviste M l'Abbe DUCHESNE,
Membre de l'Institut. Maître
de Conferences a l'Ecole des
Hautes-Etudes.

CONSEIL D'ADMINISTRATION

MM.

AVRIL (Baron d'), Ministre plénipotentiaire.

AYMONIER. Directeur de l'Ecole coloniale

BARDOUX, Sénateur, ancien Ministre de l'Instruction publique.

BIGOT (Charles), Publiciste.

CAMBOURG (Baron de), de la Société des Etudes coloniales et maritimes.

COLIN (Armand), Editeur.

CRANNEY, Juge de Paix du XIᵉ arrondissement.

DAVID-MENNET. Manufacturier.

DRAPEYRON, Directeur de la Revue de Géographie.

DREYFUS (Ferdinand), ancien Député, Avocat a la Cour d'appel.

DUBARD, chef du service de l'Inspection au Ministere de la Marine.

GRANDIDIER, Membre de l'Institut.

HEBERT, de la Maison Firmin-Didot.

JACQUEMART, Inspecteur général de l'Inspection technique au Ministère du Commerce.

JOST, Inspecteur général de l'Instruction publique.

KAHN (Zadoc), Grand Rabbin de France

LAPORTE, Magistrat.

LEGER (Louis), Professeur au Collège de France

MARBEAU (Edouard), ancien auditeur au Conseil d'Etat, directeur de la *Revue française*.

MARCILHACY, Secrétaire de la Chambre de Commerce.

MARMIER (le Commandant)

MAS-LATRIE (Comte de). Membre de l'Académie des Inscriptions et Belles-Lettres.

MASSON, Éditeur.

MAUNOIR, Secrétaire général de la Société de Géographie.

MEURAND, Directeur honoraire au Ministere des Affaires étrangeres, Président de la Société de Géographie commerciale.

MEYER (Paul), Directeur de l'Ecole des Chartes.

MOREL (Georges), Inspecteur général de l'Instruction publique.

NIOX (le Colonel).

REINACH (Salomon), Conservateur-adjoint au Musée de Saint-Germain.

TRANCHANT, ancien Conseiller d'Etat

VANDAL (Comte Albert), ancien Auditeur au Conseil d'État. Professeur a l'Ecole des Sciences politiques.

VAQUEZ, Adjoint au Maire du XVIᵉ Arrondissement.

VIGNES (le Vice-Amiral).

VILLARD, Ingénieur civil.

WAHL, Agrégé de l'Université, Professeur au Lycée Condorcet.

MEMBRES HONORAIRES DU CONSEIL D'ADMINISTRATION

MM

CHARMES (Francis).

GEFFROY.

JUSSERAND.

LAVISSE.

LIARD.

MM.

MACHUEL

MELON (Paul)

MOUTTET

Le Dʳ RICHET.

ZEVORT (Edgar).

Angers, le 30 avril 1892

Monsieur,

Le Comité angevin de l'*Alliance Française* a donné, l'année dernière, sous la présidence de M. le Général de division Fabre, sa première Conference sur les *Français du Canada*, par M. Salone, et, le 3 avril dernier, une seconde Conférence, sous la présidence de M. le Préfet Ligier, sur l'*Alliance Franco-Russe*, par M. Normand.

Encouragés par l'accueil sympathique du public, nous avons l'honneur de vous adresser le compte rendu de notre Président, lu à la dernière assemblée : il vous permettra le connaître le but de l'*Alliance Française* et les moyens d'action de cette œuvre patriotique.

Nous serions très honores si vous vouliez bien vous inscrire au nombre de nos adhérents.

Le President,	*Le Vice President,*
Dr A. GUICHARD.	Dr A. MONPROFIT.
Le Secrétaire,	*Le Trésorier,*
Ch. FLORISOONE	J. FORTIN.

COMPTE RENDU

DU

M. LE Dʳ GUICHARD

PRÉSIDENT DU COMITÉ ANGEVIN

Lu à la séance du 3 avril 1892

MESSIEURS,

Permettez-moi, en quelques mots très courts, de vous parler de l'Alliance Française et du Comité d'Angers.

Notre Association a été fondée, en 1883, par une réunion d'hommes éminents dans la diplomatie, l'armée, l'instruction publique, l'industrie .. ; elle a pour but la propagation de la langue française dans les colonies et à l'étranger.

Ce n'est pas seulement le génie de nos grands écrivains, c'est aussi celui de notre belle et admirable langue, qui a placé la France à la tête de l'Europe intellectuelle. C'est en français que les idées, même lorsqu'elles sont nées en dehors de nos frontières, prennent leurs formes définitives, et avec elles leur vol à travers les continents. C'est en français que les diplomates des diverses nations parlent et instrumentent dans leurs congrès, rendant hommage, par ce choix, aux grandes qualités de clarté et de netteté qui distinguent nôtre langue.

Propager notre langue, c'est propager nos idées, nos habitudes, étendre notre influence, faire désirer et acheter nos produits ; c'est donc une œuvre patriotique entre toutes, à laquelle est intéressée notre richesse économique.

Dans les colonies, l'Alliance Française devient, après la conquête, un aide précieux ; ainsi au Sénegal, en Tunisie, dans l'Indo-Chine, dans la Nouvelle-Calédonie , elle subventionne des écoles et utilise comme moniteurs les indigenes, les sous-officiers, les employés des telegraphes ; elle leur envoie de France le mobilier scolaire et les fournitures classiques.

Dans les pays musulmans de la Méditerranée : Égypte, Asie Mineure, Constantinople ; dans la Perse, la Chine, le Japon, l'Association envoie des allocations à tous ceux qui enseignent le français, à quelque robe et quelque nationalité qu'ils appartiennent ; elle subventionne les ecoles d'Orient.

Dans les pays etrangers où les Français sont fixés et forment une veritable colonie, nous envoyons des livres et encourageons, par des prix, toutes les réunions pour parler français, au Canada, aux États-Unis, en Hongrie, à Londres, Copenhague, Dresde, Barcelone, etc.

Avec le besoin d expansion que les nations éprouvent à l'egard de leurs colonies et de leurs domaines commerciaux, la France a a lutter contre des rivaux actifs et ardents.

Les Anglais consacrent, chaque année, 14 millions pour répandre leur langue dans les pays lointains ; l'Italie subventionne de nombreuses écoles dans le bassin de la Méditerranée et prepare ses conquêtes de l'avenir ; l'Autriche, l'Allemagne sacrifient un million au même but ; en Belgique une campagne est ouverte par des associations flamingantes pour substituer à la langue et à l'influence française la langue flamande et l'influence allemande.

Dans cette lutte des langues, faisons tous nos efforts pour conserver au français sa prépondérance ; il suffit de voyager en Italie, Suisse, Belgique, Hollande, Russie, et en Orient pour voir combien notre langue est répandue ; l'Alliance Française, conçue dans l'esprit le plus élevé de tolérance politique et religieuse, subventionne les maîtres de tous les cultes et apporte à cette propagande toute son activité et ses ressources.

Nous sommes 20,000 adhérents ; nous devrions être 200,000 ; nous ne pouvons disposer, pour cette œuvre patriotique, que d'un budget d'une centaine de mille francs ; jugez de tout le bien que l'Alliance pourrait faire avec des revenus qui lui permettraient d'étendre notre prestige et nos relations commerciales.

C'est a vous, Messieurs, de faire vous mêmes la propagande, si vous croyez au noble but que nous poursuivons, et de recueillir des souscriptions nombreuses.

La cotisation annuelle est de 6 fr. et s'adresse aux petites bourses ; la cotisation perpétuelle est de 120 fr. et l'association, reconnue d'utilité publique, est apte à recevoir tous les dons.

Notre Comité angevin est à sa seconde année d'existence; nous avons dû procéder à sa première organisation, toujours laborieuse, et nous avons reuni une centaine d'adhésions.

Vous vous rappelez l'allocution vibrante de patriotisme de M. le général Fabre, l'un de nos présidents d'honneur, et la Conference remarquable de M. Salone, sur *les Français du Canada*, au mois de juin 1891.

Nous remercions cordialement toutes les bonnes volontés de la première heure ; nous sommes assurés qu'en faisant appel à votre concours, dans notre Anjou si genereux, où tant d'œuvres patriotiques vivent côte a côte et où la charité ne se fatigue jamais, nous nous retrouverons plus nombreux l'année prochaine.

NOTE

Sur le Patronage des Écoles subventionnées par l'Alliance

Le Conseil d'Administration de l'*Alliance Française* nous notifie, en date du 30 avril 1892, les dispositions suivantes :

I. — Tout Comité de propagande de l'*Alliance Française* siégeant à Paris ou dans les departements pourra, apres avis conforme de l'Assemblée génerale de son groupe, être autorisé par le Conseil d'Administration à prendre sous son patronage une ou plusieurs des Écoles subventionnées par la Sociéte.

II. — Le patronage des Comités de propagande s'exercera comme suit :

1° Ils auront le droit de correspondre directement avec les Écoles qu'ils auront choisies, ainsi qu'avec les Comités d'action dont celles-ci relèvent, sauf à informer sans delai le Secrétaire géneral de tous les faits intéressants ou importants dont ils auraient eu connaissance.

2° Les Comités de propagande pourront consacrer à l'entretien des Ecoles placées sous leur patronage une partie de leurs ressources ordinaires (cotisations annuelles) et la totalité des dons faits avec affectation speciale à ces Écoles.

Suit une liste des Écoles subventionnees par la Société. Le Comité angevin, d'après le conseil de son president d'honneur, M. le general Fabre, se propose de prendre sous son patronage une des Ecoles soit du Levant, soit du Tonkin, soit de Madagascar ; ce sont, en effet, les pays où

il est le plus nécessaire que l'influence française se déve-
loppe et où elle a le plus besoin de secours. Nous sommes
persuadés que cette innovation aura d'heureux résultats,
en liant plus étroitement et en intéressant d'une façon plus
directe les différents Comites départementaux à une École
de leur choix. Aussi nous permettons-nous, à cette occa-
sion, d'adresser à nos adhérents et à tous ceux qui peuvent
le devenir, un appel plus pressant. Car, il faut bien l'avouer,
nos revenus sont plus que modestes, et, en ce moment,
notre Comité serait un peu embarrassé pour témoigner,
autrement que par des paroles, l'intérêt qu'il porte aux
Écoles des colonies. Nous osons espérer que cette création
des patronages rendra notre œuvre plus vivante en lui
donnant un nouvel attrait et contribuera à augmenter le
nombre de nos collaborateurs.

COMITÉ ANGEVIN

PRÉSIDENTS D'HONNEUR

M. le Premier Président Forquet de Dorne.
M. le Général de division Fabre.
M. le Préfet Ligier.
M. le Maire d'Angers Guignard.

CONSEIL D'ADMINISTRATION

Président, M. le docteur Ambroise Guichard.
Vice-Président, M. le docteur Ambroise Monprofit.
Secrétaire, M. Florisoone, professeur au Lycée.
Trésorier, M. J. Fortin, banquier.

MEMBRES DU COMITÉ

MM. le Général Lourde-Laplace.
    Moras, Procureur général.
    Max-Richard, Président de la Chambre de commerce.
    le comte de Romain.
    Bessonneau. manufacturier.
    Monden de Genevraie, ancien magistrat.
    Legludic, directeur de l'École de médecine.
    Prieur, Président du Tribunal de commerce.
    Germain, Proviseur du Lycée.
    Leroy, Conseiller général.
    Cormeray, Georges, ancien Président des Amis des Arts.
    Beucher, avocat.
    Joxe, Adjoint au Maire.

LISTE DES ADHÉSIONS

MM

Aubry, conseiller a la Cour, rue Saint Eutrope, Angers.

Bally, negociant, rue Saint-Aubin, Angers

Bazantay, maire de Faveray-Machelles

Benoist, directeur de l Enregistrement, boulevard de Saumur,
Angers

Benoiste, sous prefet de Segre.

Bessonneau, manufacturier, boulevard de Saumur, Angers

Beucher, avocat, boulevard du Palais, Angers.

Bichon, médecin, rue Beaurepaire, Angers.

Bissaud, avocat général, avenue de Contades, 12, Angers.

Boquel, conseiller municipal, rue Saint-Denis, 5, Angers

Bouchet, percepteur a Jarzé.

L. Boulanger, conseiller de prefecture, 17, rue Loriol-de-Barny,
Angers

J Boutton, conseiller géneral, rue Menage, 2, Angers.

De Brousse de Veyrazet, chef d'état major, avenue de Contades,
22, Angers.

Cahen, négociant, 2, rue Voltaire, Angers.

Cailhabet, ancien professeur, rue Rabelais, Angers.

Chicotteau, secretaire general de la Mairie d'Angers.

De Cleric, lieutenant-colonel, 19, rue de Brissac, Angers,

Cointreau, negociant, quai Gambetta, Angers.

Cormeray, président des Amis des Arts, place André-Leroy,
Angers.

Duliège, juge de paix à Beaufort-en-Vallée.

Elias, chef d'escadron au 1er cuirassiers, Angers.

Fabre, général de division, 7, rue Volney, Angers

Florisoone, professeur au Lycée, 19, rue Lenepveu, Angers.

Le pasteur Forget, 32, rue de l'Asile-Saint Joseph, Angers.

Forquet de Dorne, président de la Cour d'appel, 22, rue des
Arenes, Angers.

J Fortin, banquier, rue des Cordeliers, 3, Angers

MM

Francolin, ancien proviseur du lycee David d'Angers, Angers.
Frémy, negociant a Chalonnes sur-Loire
Gabeau, notaire a Bauge.
Genty, sous-inspecteur d'Enregistrement, rue du College, 4, Angers.
Gillet, capitaine au 135e de ligne, 3, rue Desjardins, Angers.
Germain, Proviseur du Lycée
Germain, imprimeur, rue du Cornet, Angers.
Glétron, conseiller municipal, place Ayrault, Angers.
Goupil, notaire a Baugé.
Grassin, G , imprimeur, rue du Cornet, Angers.
Guichard, A , docteur-médecin, rue Bressigny, Angers.
Guignard, maire d'Angers, place Falloux.
Huet, avoué à Bauge.
Jacquemet, directeur de l'École des Arts, place des Arts, Angers.
De Jauvelle, directeur des Contributions directes, rue des Quinconces, Angers.
Joubert, J , proprietaire, rue Volney, Angers.
Kaufmant, capitaine au 135e de ligne, Angers.
Général Lacretelle, proprietaire, au château de Molière, par Beaucouzé.
Latouche, receveur des finances à Baugé.
Le Bon, secrétaire général de la préfecture de Maine-et-Loire, Angers.
Lecoq-Kervignac, inspecteur des Contributions indirectes, levée Besnardiere, Angers.
Legludic, docteur-medecin, boulevard des Lices, Angers.
Lemasson, Alb , 25, rue Bressigny, Angers.
Lens, Ch., capitaine-commandant au 1er cuirassiers, Angers.
Le Poittevin, substitut du procureur général, 59, rue du Bellay, Angers.
Ligiër, préfet de Maine et-Loire, Angers.
Ligier, secrétaire particulier du prefet de Maine-et-Loire, Angers.
Loubry, directeur de la Banque de France, rue Joubert, Angers.
Lourde-Laplace, général de brigade, rue Delaâge, Angers.
Maillard, colonel du 135e de ligne, rue de la Madeleine, Angers.
Marchand, notaire, boulevard de Saumur, Angers.
Max—Richard, manufacturier, boulevard de Saumur, Angers.
Maynard, percepteur à Baugé.
Mercier frères, négociants, rue Thiers, 19, Angers.

MM

Métivier, **Daniel**, propriétaire, 1, rue de Bel-Air, Angers.

Moisson, officier d'ordonnance, rue Delaâge, 25, Angers.

Monden de **Genevraye**, **P** , conseiller général, 6, rue Ménage, Angers.

Montprofit, docteur-médecin. rue de la Prefecture, Angers.

Morry, directeur du *Petit Courrier*, rue Volney, Angers.

Mourlan, général de brigade, rue Paul-Bert, Angers.

Moutte, percepteur, rue Joubert, Angers.

Moras, procureur général, avenue de Contades, 10, Angers.

Petrucci, directeur de l'asile de Sainte Gemmes-sur-Loire.

Peyre, sous-préfet de Cholet.

Plantade, commis principal des postes, rue de la Madeleine, 2, Angers.

Prieur, negociant, rue de Paris, Angers;

Quinchez, ancien directeur du Haras, rue Paul-Bert, Angers.

Robert, **J** , étudiant, place Ayrault, Angers.

Robineau, professeur de rhetorique, rue Petite-Volney, Angers

Comte de **Romain**, à la Possonniere.

Rouillière, peintre, rue Montaubān, Angers

Seignard. inspecteur des Contributions, 43, rue de la Roe, Angers.

Sirotteau, banquier à Baugé.

Sureau, receveur des postes, Hôtel des Postes, Angers.

Tostain, propriétaire, boulevard Mirault, Angers.

Trébous, **R.**, substitut, rue Joubert, Angers.

Tulasne, directeur d'assurances, rue Menage 8, Angers

Vayssié, percepteur, boulevard Daviers, Angers.

Villard, conseiller municipal, faubourg Saint-Jacques, Angers.

Angers, imp Germain et G. Grassin — 762-92.